coleção primeiros passos 264

Paulo Sérgio de Camargo

O QUE É GRAFOLOGIA

editora brasiliense

Copyright © by, Paulo Sérgio de Camargo, 1992
Nenhuma parte desta publicação pode ser gravada,
armazenada em sistemas eletrônicos, fotocopiada,
reproduzida por meios mecânicos ou outros quaisquer
sem autorização prévia da editora.

Primeira edição, 1992
2ª edição, 2008
1ª reimpressão, 2021
Diagramação: *Digitexto Serviços Gráficos*
Revisão: *Karin Oliveira e Marília Martins Ferro*
Capa: *Luciano Pessoa*

Dados Internacionais de Catalogação na Publicação
(CIP)(Câmara Brasileira do Livro, SP, Brasil)

Camargo, Paulo Sérgio de
O que é grafologia / Paulo Sérgio de Camargo.
--2. ed. -- São Paulo : Brasiliense, 2021. --
(Coleção primeiros passos ; 264)

ISBN 978-85-11-00152-5

1. Grafologia I. Título. II. Série.

08-07447   CDD-155.282

Índices para catálogo sistemático:
1. Grafologia : Psicologia individual 155.282
2. Sinais gráficos por zonas : Interpretação :
Grafologia : Psicologia individual 155.282

www.editorabrasiliense.com.br

Sumário

Introdução 7
Um pouco de história 9
Definição – ciência, arte ou charlatanismo? 15
Fundamentos 25
Utilizações da grafologia 37
Escolas e métodos 53
O grafólogo 65
Como estudar grafologia no século XXI 71
E o futuro? 85
Leitura complementar 89
Sobre o autor 91

Para Gabriela...

Beijos grafológicos.

Introdução

Observe as seguintes cenas em uma pequena cidade no interior do Brasil:

O carteiro coloca a carta por debaixo da porta, toca a campainha e vai embora...

O envelope no chão, de longe; sem olhar o remetente, um rapaz de 26 dez anos fala:

– Mãe, carta da tia Laura!

A mesma mãe diz para a vizinha:

– Que linda a letra de sua filha, tão organizada, toda arrumadinha, igualzinha a ela!

E a vizinha, ao abrir crediário em uma loja, tem sua assinatura comparada com a da identidade e sorri feliz quando ouve:

– Confere; seu crédito é automático.

Esses fatos descritos e corriqueiros mostram a importância da escrita em nossa vida. Todos os dias as pessoas deixam assinaturas em cheques, contratos, certidões de casamento e nos mais diversos tipos de documentos.

A assinatura funciona como um marco individual, ela nos representa para o mundo; não existem duas iguais.

Vamos falar de grafologia, e a principal pergunta a ser respondida neste livro é a seguinte:

A nossa escrita pode representar o que somos, pensamos, desejamos e o que fazemos?

Há 16 anos escrevi a primeira edição. Muitos livros depois, retorno a ele. Tenho uma nova visão da grafologia, mais consciente e não menos preocupado.

Pretendo mostrar aos leitores, mas também aos grafólogos, a importância que a grafologia ocupa em nosso país. Espero que – como eu – compreendam a aventura que é entrar no fascinante mundo da grafologia.

Um pouco de história

Os chineses, desde os tempos mais remotos, praticavam a grafologia em sua técnica mais rudimentar, ou seja, por meio da adivinhação.

Na antiguidade, o historiador Suetonius Tranquilius relacionava a escrita do imperador Otávio Augusto com o lado econômico do mesmo.

Aristóteles (384-322 a.C.), Demétrio de Faléreo (309 a.C.), Dionísio (100 a.C.) e o poeta Menandro, entre outros, estão os que relacionavam o caráter com a escrita de maneira puramente intuitiva, sem nenhum fundamento científico.

Na Idade Média, não se encontra nenhuma crônica que faça referência a esse tipo de estudo. Grande parte da cultura, principalmente a escrita, estava confinada em mosteiros sob o manto protetor da Igreja.

Talvez a grafologia não tenha se desenvolvido naquela época porque o ato de escrever era privilégio de poucos e principalmente de pessoas ligadas ao clero e nobreza. Por exemplo, escriba na terra dos faraós era uma das profissões mais nobres.

Escritores como Shakespeare, no século XVI, passaram a estudar grafologia de modo intuitivo; assim ele coloca nos lábios do personagem:

– "Dê-me a letra de uma mulher e eu lhe direi o seu caráter".

Desde aquela época, muitos escritores realizam estudos sem cunho científico e baseados na intuição. Balzac, George Sand, Edgar Allan Poe, Walter Scott e Goethe destacam-se pela precisão com que fazem perfis grafológicos em seus livros.

A primeira obra dedicada inteiramente à grafologia foi escrita por Camillo Baldi, médico e professor de filosofia da Universidade de Bolonha. Publicado em 1622 com o pomposo título *Trattato come da una lettera missiva se conoscono la natura e qualitá dello scrittore* (Tratado sobre como, por meio de uma carta, chega-se ao conhecimento da natureza e qualidades do autor), possui regras de análise que são válidas até os dias atuais.

Contudo, a história da grafologia moderna inicia-se em 1872 com o livro *Os mistérios da escrita*, do abade francês Jean Hippolyte Michon. O editor era Desbarolles, bastante ligado ao esoterismo.

Embora alguns livros citem Michon como criador do termo grafologia, ele foi usado no *Reynolds Weekly Newspaper* em 22 de dezembro de 1850. Anunciava uma senhora que fazia *graphiology*: Miss Emily Dean, Graphiologist, 48, Liverpool Street, Argyle Square, London.

Outro francês, Crépieux-Jamin (1858-1940), levou o rigor científico para a grafologia; basicamente, muitos de seus estudos são seguidos até os dias atuais por muitos grafólogos.

Jamin criou um método confiável para se analisar a escrita. Seu livro *Traite pratique de graphologie* teve inúmeras edições e foi o início de uma obra profícua e duradoura, que permanece válida em sua essência.

Com Jamin, se estabelece a primeira grande escola de grafologia no mundo. As outras duas, a alemã e suíça, serão basicamente oriundas dela.

No início do século por volta de 1900, o filósofo e caracterólogo alemão dr. Ludwig Klages (1872-1956) cria sua própria escola, baseada nos ensinamentos de Michon e Crépieux-Jamin, este traduzido de forma brilhante para a língua alemã pelo poeta Hans Busse.

Klages considera o estudo da grafologia como ciência da expressão, assim acrescenta novos conceitos e concepções filosóficas à grafologia; ritmo e nível de forma estão entre os principais termos que todo grafólogo deve conhecer. Fundou também a Sociedade Alemã de Grafologia e teve uma legião de seguidores que colocam a grafologia alemã, em certos aspectos, à frente da francesa.

O terceiro nome da grafologia é o psicólogo Max Pulver (1890-1953), considerado um dos maiores gênios da grafologia moderna. Pulver introduziu diversos conceitos psicanalíticos na grafologia. Sua principal obra é *O Simbolismo da Escrita* (publicada em 1931).

Na Itália, de forma isolada e desde o início do século XX, o padre Girolamo Moretti criou a escola morettiana que vem conseguindo adeptos em todo o mundo. Os conceitos são extremamente originais e muitos diferentes da escola francesa, já que tudo indica que no início do século XX, Moretti desenvolveu seus conceitos de maneira independente.

A grafologia teve seu início no Brasil, no ano de 1900, com o livro *A grafologia em medicina legal*, do dr. A. Costa Pinto, tese aprovada com distinção na Faculdade de Medicina e Farmácia da Bahia.

A Sociedade Brasileira de Grafologia foi criada em 1977 tendo como primeiro presidente, lamentavelmente já falecido, o psiquiatra Júlio de Gouveia. A SOBRAG tem sua sede na cidade de São Paulo.

A grafologia como ciência ainda está fazendo sua história.

Capa do livro de Camillo Baldi.

Definição
ciência, arte ou charlatanismo?

A grafologia pode ser definida como o método ou fórmula que define a personalidade por meio da escrita de seu autor. Como já vimos, os chineses a utilizavam como magia; o sobrinho da tia Laura o fez de maneira intuitiva, sem qualquer técnica.

Infelizmente a grafologia pode ser encarada como ciência, arte ou charlatanismo. Depende da pessoa e dos métodos utilizados.

No Brasil, ainda existem pessoas que avaliam a personalidade com velas, incenso e outras coisas; contudo, muitas pessoas e empresas a tratam como instrumento bastante confiável na observação da personalidade.

De maneira científica podemos defini-la como um conjunto de leis e regras que permitem, por meio da escrita, a identificação da personalidade. Existem outras definições acadêmicas, porém todas, se simplificadas, chegam à conclusão acima.

Como ciência a grafologia tem estudos fundamentados, como os de Crépieux-Jamin que foram testados por Alfred Binet na Universidade de Sorbonne no início do século passado. Em algumas das experiências Crépieux-Jamin teve mais de 90% de acerto estatístico, como por exemplo no nível intelectual, entre outros dados. (*Les révélations de l'écriture d'après un contrôle scientifique*, Alfred Binet). Até os dias atuais os céticos não conseguem contestar esse estudo.

Outros estudos:

- Allport e Vernon – Universidade de Harvard – Estudos dos movimentos expressivos.

- Frank Victor – Universidade de Harvard entre 1939-1941 – O *Grant Study* é relatado em parte no livro *Handwriting: a Personality Projection*.

- Eysenck, embora tivesse grande prevenção contra as técnicas projetivas nos estudos de doentes mentais, conclui que o acerto (cerca de 68%) nos diagnósticos feitos por grafólogos era excepcional. *(Graphological Analysis and Psiquiatry: British Journal of Psychology, 1945.)*

É consenso geral tanto nos meios acadêmicos como entre os grafólogos sérios que a grafologia precisa de novas pesquisas e validações estatísticas para alcançar o status de ciência.

Atualmente existem nos Estados Unidos e na Europa estudiosos que acham, com doses de razão, que a grafologia é um ramo da Antropologia, pois estuda o ser humano.

Para a grafologia, a escrita é mais que uma linguagem individual. Trata-se de uma série de atos, registro gráfico e vivo de nossos movimentos. Verdadeira expressão do ser humano, visto que você leitor, mesmo sem prática, pode identificar letras dos pais, professores, amigos e namorada.

Muitas vezes fiz a seguinte pergunta em palestras nas universidades:

Com qual parte do corpo nós escrevemos?

Na maioria das respostas é quase sempre a mão. O correto é o cérebro; a mão é apenas a parte do corpo que executa os movimentos. Talvez por esse fato tão simples não ter sido observado no passado é que a grafologia evoluiu lentamente, só alcançando grande desenvolvimento nos últimos cem anos.

As primeiras provas científicas da escrita como ato cerebral foram obtidas, em 1897, pelo psiquiatra alemão Georg Mayer (Livro *Deustsche Graphologische Gesellschaft*). Logo após Wilhem Preyer, professor de fisiologia em Jena, apresenta novas pesquisas nas quais demonstra que a escrita é um ato cerebral, não importando o instrumento ou parte do corpo utilizada para escrever, pode ser a mão, o pé ou a boca.

A grafofisiologia é parte da grafologia e se preocupa com o estudo do movimento para se realizar a escrita, ou seja, sua origem no cérebro e o seu percurso (timo, cerebelo, córtex etc.) até chegar à ponta dos dedos.

Tente escrever com a mão esquerda, com a caneta na boca ou com os dedos dos pés! O traçado é o mesmo e com um pouco de treino as letras ficam quase iguais. Pessoas que perderam um braço e passaram a escrever com o outro, depois de certo tempo, percebem sua escrita ficar praticamente igual à escrita anteriormente realizada pelo amputado.

O fato mais comum é as pessoas tentarem falsificar sua própria letra trocando de mão; o perito facilmente desmascara o impostor por meio de provas científicas.

Basicamente, qualquer alteração corporal significativa altera o gesto gráfico, assim resfriados, dores de cabeça, problemas gástricos, doenças etc., modificam em vários graus a escrita.

Se você, leitor, tem alguma dúvida, tente escrever com febre de trinta e nove graus: a letra se torna fraca e caída. Tente observar sua escrita quando está nervoso.

Essas simples observações provam facilmente que a escrita está intimamente ligada a nossas atitudes. Contudo, para a ciência isso não é o suficiente, são necessárias provas estatísticas e que possam ser reproduzidas. Só assim a grafologia será validada como ciência.

Na concepção da grafologia, as principais zonas do cérebro utilizadas para escrever são: o tálamo, sede da emoção e da coordenação dos movimentos; o paládio, que intervém na coordenação e na motricidade e transforma movimentos voluntários em mecânicos (graças a ele a escrita se torna automática); e o cérebro, que preside a orientação geral do corpo e assegura a precisão dos movimentos.

Funcionando perfeitamente, o cérebro é capaz de compor quatro movimentos essenciais e suas infinitas variantes: a flexão, de cima para baixo; a extensão, de baixo para cima; a abdução, da direita para a esquerda; e a adução, da esquerda para a direita. Isso pode ser observado quando se escreve: para baixo apertamos a caneta, para cima os dedos relaxam e a caneta fica mais solta.

Com os quatro movimentos podem-se realizar curvas, ângulos e retas. Portanto, é fácil chegar à conclusão de que escrever em ângulos é mais prático que traçar muitos movimentos circulares. A menor distância entre dois pontos é uma linha reta. O prático tenta de modo inconsciente realizar isso, o enrolado, literalmente, enrola as letras.

Os princípios científicos da grafologia se baseiam na psicologia do gesto e da expressão. Não restam dúvidas de que a escrita é o gesto fixado no papel. Se a pessoa realiza gestos largos, sóbrios, rápidos, lentos etc., quando escreve, normalmente o faz da mesma maneira.

Os gestos constituem uma linguagem universal, não precisamos conhecer qualquer língua para observar se a pessoa está com ódio ou com raiva, alegre ou triste. Encarando a escrita como gesto fixado, pode-se concluir que, quando escrevemos, transmitimos aquilo que somos e pensamos.

Tudo o que foi dito anteriormente pode ser resumido em um princípio básico: não existem duas escritas iguais. Como a impressão digital, a escrita é única, inimitável. No conjunto pode-se imitar, porém jamais nos detalhes.

Esse fato é rigorosamente aceito pela Justiça, bem como por instituições financeiras. Voltando ao início deste livro, lá havia o cheque da vizinha que foi conferido por meio da simples comparação de assinaturas. Percebemos que o mesmo ocorre nos cartórios ao se realizar uma autenticação.

Aceitamos a assinatura como se fosse a palavra empenhada da pessoa que não está presente no momento.

Grande parte do mecanismo da escrita e suas relações com o cérebro e personalidade já foram estudadas por cientistas, muitos dos quais não eram grafólogos, e certas conclusões tiveram resultados próximos aos dos grafólogos do início do século XX.

Compreendendo melhor o funcionamento da escrita pode-se chegar a importantes conclusões a respeito do escritor. Por meio de certos mecanismos, tenta-se agora o inverso, conhecer o funcionamento do cérebro pela escrita, mas isso é assunto por demais complexo e foge do objetivo deste livro.

Sem entrar em grandes considerações, o que se pode concluir é que a grafologia é uma ciência relativamente nova, praticamente desconhecida no Brasil, e que deve ser encarada e pesquisada com toda seriedade possível.

Muitas vezes charlatões aproveitam-se da credulidade de alguns e a transformam em algo místico, mas creio que o leitor já é capaz de concluir por si só que estamos falando de ciência.

É arte?

Já chegamos à conclusão de que grafologia nada tem com magia, em que pese na internet muitos tentarem passar isso para incautos. Aliás, evite *sites* que misturam a grafologia com esoterismo, misticismo etc. Muitos grafólogos se consideram verdadeiros artistas quando traçam o perfil grafológico de seus clientes.

Não, a grafologia em si não é uma arte, trata-se de uma profissão ainda não reconhecida no Brasil.

Qualquer pessoa pode ser médico ou psicólogo, basta que seja aprovado no vestibular. As qualidades e habilidades de um bom profissional se adquirem com tempo e experiência. Em largo sentido, todas as profissões exigem técnica e arte.

Não é sem motivo ou de maneira inconsciente que alguns grafólogos dizem que "fazem" o retrato grafológico ou retrato psicológico de seus clientes.

Ser grafólogo é também uma arte que se pode aprender e aperfeiçoar, dependendo da capacidade individual de quem a utiliza.

Necessita-se de estilo e precisão para discorrer sobre as qualidades negativas de alguém. A grafologia é a técnica da inferência, ou seja, por meio de diversos dados, pode-se chegar a outros mais importantes. Se a pressão for muito forte, indica dinamismo psíquico e mental; se a escrita for inclinada à direita, extroversão; com os dois detalhes juntos, conclui-se que a pessoa possui capacidade de realização.

Segundo o grafólogo francês Magnat:

"Os espíritos bem dotados tendem a transformar a ciência conjectural, que nunca deixou de sê-la, em ciência verdadeira, que conquistou seu lugar dentro das ciências humanas. Nem por isso a grafologia deixou de ser uma arte e uma ciência ao mesmo tempo, sendo necessário acrescentar que não há arte sem ciência".

III
Fundamentos

A grafologia baseia-se exclusivamente no exame minucioso da escrita. Para tal, o grafólogo pode utilizar lupas para captar detalhes que passam despercebidos à vista humana.

Com o objetivo de traçar o perfil psicológico, seguimos uma série de procedimentos. A grafologia como toda ciência se baseia em um método; cada escola de grafologia adota o seu, seja ela a italiana, francesa, alemã ou suíça. No Brasil, alguns grafólogos tentam unir todas ao mesmo tempo; é o mesmo que colocar juntas as torcidas do Flamengo e Vasco e solicitar harmonia entre elas.

Com vista a realizar este estudo, as escritas foram reunidas de acordo com características gráficas e Jamim as chamou de "signos gerais" (grande, vertical, pequena etc.) e de "signos particulares" (curvas, ângulos, letras etc.)

Antes de realizar a análise, os conhecimentos devem estar bem estruturados e a base está no estudo dos **gêneros**, **espécies** e **modos**. Por exemplo, a pressão é um gênero que se divide em várias espécies, como firme, frouxa etc. As espécies ainda podem se dividir em modos. A grafologia começou com seis gêneros, atualmente algumas escolas falam em nove.

Letras e traços isolados não tem importância na grafologia moderna. A letra "i" sem pingo não significa muita coisa; ela deve ser analisada em conjunto com o texto.

Depois disso, devem-se organizar os significados em ordem crescente de prioridades. Há grafismos em que o tamanho das letras predomina sobre a pressão e embora os dois existam, as conclusões mais exatas serão tiradas da primeira.

O material a ser analisado deve sempre ser levado em conta. Comece a desconfiar da capacidade do grafólogo quando ele diz que basta apenas sua assinatura para realizar uma análise completa; isso é totalmente falso.

O ideal para que seja executado um bom perfil grafológico são cerca de vinte linhas em papel sem pauta e escrita feita de forma espontânea. Além do material em boas condições, como papel, caneta, mesa etc., o grafólogo precisa ainda conhecer a idade, sexo, profissão, nacionalidade, estado de saúde e mão que escreve, se direita ou esquerda.

Prezado leitor, nas próximas linhas vamos nos aprofundar um pouco. A grafologia não é um teste, pois não preenche as condições exigidas para tal.

O grafólogo(a) avalia a escrita de forma simultânea em três dimensões:

Projetiva

Ao escrever, circunscrevemos a grafia dentro de um espaço que tem inúmeras convenções: margens, distância entrelinhas, espaços entre as letras, entre as palavras, acentos, pontos e parágrafos.

Dentro dessas convenções, a pessoa instala-se com maior ou menor liberdade em função de seus próprios medos, anseios, desejos, convicções etc. O ponto de partida é o modelo escolar, contudo, nem sempre toma ele como base e o transforma. É óbvio que isso tem ligação íntima com sua experiência com o meio em que vive, em que transita, com os seus condicionamentos. Isso nos permite observar quais são suas preferências, aversões etc., ou muito mais características, a partir de símbolos universais. Nessa parte, a grafologia tem como ponto de partida Max Pulver. Ao longo do tempo, outros grafólogos acrescentaram a ela o conteúdo das teorias de desenvolvimento do ser humano (teorias de Freud, Jung, Klein, Eric Bern, Winnicott, etc.).

Expressiva

A escritura é um gesto "fossilizado" (o termo é do grafólogo europeu Michel de Grave). Isto é, é o resultado de um gesto psicomotor que pode ser interpretado com paralelos da linguagem não verbal (paradoxalmente, pois é uma forma de linguagem). É a expressão da psicomotricidade da pessoa que escreve, e se interpreta com uma teoria diferente à da linguagem projetiva (Ludwig Klages, Luria, Vigotsky etc.).

Representativa

As formas da escrita representam uma escolha, um elemento de representação social da pessoa que se mostra com elas, de forma inconsciente, para causar uma impressão no outro, que lê sua escrita.

As teorias dessas interpretações são oriundas de símbolos universais: a curva, a reta etc. E isso certamente se conecta com o projetivo, mas com outra dimensão. Esta forma de estudar a escritura (observação / interpretação) faz com que o programa deva incluir matérias como Psicologia diferencial. (Amparo Botella)

Alguns princípios básicos da grafologia:

- A escrita é uma manifestação motriz e ao mesmo tempo intelectual. A mão escreve, o cérebro comanda (isso só foi demonstrado cientificamente pelo médico alemão dr. Preyer no final do século XIX).

- A avaliação da escrita fixa-se em duas funções essenciais: MOTRICIDADE e INTELIGÊNCIA. A escrita é um gesto essencialmente humano; sem as condições acima é impossível escrever. A criança com um ou dois anos não consegue escrever pois não desenvolveu motricidade para tal.

As alterações no estado de espírito influem na execução material da escrita. Assim, depressão, delírios, excitação, etc., revelam sintomas que se traduzem em gesto gráfico. É óbvio que em algumas doenças necessita-se de mais pesquisas científicas visando uma validação confiável.

Como estamos observando, a grafologia não é adivinhação. Quanto mais dados se conhecer a respeito da pessoa analisada, melhores serão as conclusões do grafólogo.

Um garoto de quinze anos que escreve com pressão forte, traços simples e texto organizado revela cultura, inteligência e energia; caso não se soubesse a idade, o grafólogo teria que procurar outros detalhes grafológicos, além dos três relacionados, para chegar à mesma conclusão.

Quando se pesquisa na internet "a grafologia", nota-se o grande desconhecimento e a maneira equivocada com que a grafologia está sendo utilizada no Brasil. Misturada com astrologia, umbanda, tarô etc. é um caminho que não leva a lugar nenhum.

Nesse ponto é preciso esclarecer que não existe aqui qualquer tipo de preconceito contra a religião ou método de adivinhação: a grafologia é ciência.

Qualquer associação só confunde e muitas vezes leva quem não a conhece a acreditar que se trata apenas de mais uma maneira de adivinhar a personalidade e o futuro.

O problema não ocorre somente no Brasil; na Europa e nos Estados Unicos existem os que utilizam a grafologia de modo místico. O meio místico é quase sempre utilizado por aquele que, apenas observando a letra e sem técnicas, relata dados da personalidade e o futuro do cliente. Alguns desses charlatões chegam a colocar velas e incenso ao lado da carta ou escrita. Na maioria das vezes, o diagnóstico é sempre oral, relatado de modo vago, quase sempre comportando dupla interpretação, como nos antigos oráculos.

Se existe algo que a grafologia jamais fez ou será capaz de fazer é desvendar o futuro; isso, pelo menos para grafólogos sensatos, é impossível.

Dessa maneira, sem pretensões elitistas, a maioria dos grafólogos deseja afastar a grafologia de outros métodos, trazendo-a, cada vez mais, para o lado das ciências oficiais, como a psicologia, a psiquiatria etc.

Contudo, para isso é necessário percorrer longo caminho, no qual os grafólogos por meio de pesquisas e estatísticas devem provar no meio universitário que a grafologia tem bases científicas sólidas. Mas pouco tem sido feito nesse sentido pelos próprios grafólogos.

Deixando de lado o charlatanismo, para estar bem fundamentado no estudo de grafologia, deve-se conhecer a diferença entre personalidade e caráter; enquanto este trata de como o indivíduo se comporta na vida, como reage a diversas situações, aquela se constitui na síntese de todos os elementos que intervêm na formação mental do indivíduo, dando-lhes fisionomia própria.

Se alguém ganha na loteria, evidentemente está alegre, porém, se de repente recebe um telegrama que uma pessoa da família adoeceu, fica triste. Uma pessoa inteligente provavelmente possuirá essa característica por toda a vida.

A grafologia capta tudo isso e muito mais, inclusive tendências que o autor da letra analisada desconhece e às vezes, se depender do grafólogo, jamais saberá, como certos distúrbios psicológicos e psiquiátricos.

O que pode ser observado na escrita

Os principais dados avaliados na escrita variam de acordo com o grafólogo:

Muitos observam as aptidões físicas e intelectuais, atitudes sociais, valores morais, liderança, agressividade, relacionamento interpessoal, iniciativa, reflexão, egoísmo, irritabilidade, desconfiança, trabalhar sob pressão, insinceridade, vontade, ética, emotividade, intro/extroversão, energia etc. Nas devidas proporções, qualquer qualidade ou defeito do ser humano. Podem ser vistos aspectos ligados a sexualidade e sensualidade das pessoas, mas o grafólogo sério não se preocupa em focar esses aspectos.

Doenças também podem ser avaliadas na escrita. Contudo, o grafólogo não tem autoridade para fazer diagnósticos, exceto se for médico ou psicólogo. Mas adiante vamos falar de grafopatologia.

Estatisticamente os grafólogos dizem que o índice de acerto pode passar dos oitenta por cento; contudo, isso nem sempre é correto, falta uma base de dados confiante para tal afirmação. Como foi dito anteriormente, a grafologia necessita de trabalhos estatísticos mais profundos e científicos.

Muitas vezes o grafólogo se vê diante das seguintes perguntas:

"Meu marido é fiel? Vou ficar rico?"

Grafólogos sérios não fazem isso, é puro "chute", voltamos ao terreno da adivinhação. É lógico que diante da escrita de um jovem que apresente sinais de superioridade moral, intelectual, física e psicológica infere-se um futuro brilhante, não por qualquer interpretação mística e sim pela inferência, porém conclusões desse tipo não são colocadas no perfil grafológico.

Quando existe qualquer tipo de dúvida ou poucos dados na escrita que confirmem determinadas características, ela é omitida do parecer. Por exemplo, se uma ou duas letras "t" não possuírem a barra horizontal, pode significar que a pessoa não tenha fortes doses de energia, porém, caso não existam outros sinais que confirmem esse dado, evita-se dizer isso. São precisos, em média, cinco sinais para se confirmar o fato, além de eles serem relacionados com outros dados. O grafólogo relaciona quantidade com qualidade ao avaliar os sinais.

A grafologia pode investigar o homem com possibilidades de chegar a um conhecimento bem maior que qualquer outro tipo de avaliação psicológica existente na atualidade. Jamais irá substituir certos tipos de testes específicos, que são mais simples e diretos, como testes de raciocínios matemáticos realizados e até mesmo uma simples entrevista entre o psicólogo e o seu cliente.

São inegáveis as vantagens da grafologia quando comparadas a outros testes; pode ser aplicada a vivos e mortos, o tempo não altera o que foi escrito; a assinatura de Hitler poderá ser analisada daqui a cem anos e denotar detalhes psicológicos do momento em que foi escrita.

A carta enviada pela tia Laura venceu o tempo e o espaço para chegar ao sobrinho Carlos, que a identificou sem métodos; um especialista pode descobrir dados mais precisos. Como não requer a presença do interessado, sem entrarmos no terreno da ética, não se exige a presença dele, para firmas e empresas; isso facilita muito, pois o candidato ao emprego em Manaus pode ter sua escrita analisada em São Paulo.

Podemos estudar, além do momento atual, várias épocas da vida do indivíduo. O psiquiatra teria um histórico da vida de seu cliente como realmente aconteceu e não como alguém da família ou o paciente relatou.

O material não precisa ser preparado com antecedência, basta uma folha de papel sem pauta e caneta.

Uma das vantagens da grafologia está no fato de a pessoa não saber que está sendo analisada, o que praticamente elimina o estresse de se realizar um teste psicotécnico. Isso se faz de maneira até simples em empresas: pede-se ao candidato que escreva uma carta descrevendo suas qualificações e solicitando o cargo. Todavia, é imperioso que depois disso o grafólogo explique para a pessoa o objetivo da carta e solicite por escrito sua autorização para realizar o perfil grafológico.

A grafologia não é um teste de personalidade, porque não preenche todos os requisitos para tal, como por exemplo, a escolha. No teste, por exemplo, o candidato pode escolher entre várias alternativas. Na grafologia não, os processos inconscientes do ato de escrever se fazem presentes.

Trata-se de um dos procedimentos mais utilizados em todo o mundo, especialmente no recrutamento e seleção de pessoal. Quando comparado ao teste da árvore, da casa, da pessoa (desenhe uma casa, uma pessoa etc.), sobressai-se pela maior rapidez e eficiência.

No próximo capítulo, veremos as principais aplicações da grafologia, mas antes convido você a pensar se algum dia teve sua letra analisada pela grafologia.

Utilizações da grafologia

A abrangência se estende a vários campos da atividade humana: empresas, judiciário, bancos etc.

O leitor já deve ter notado que por diversas vezes se deparou com a grafologia em sua vida e esta passou despercebida. Vejamos com mais atenção como isso pode ter acontecido.

Grafoscopia

Também chamada de grafotecnia, é a parte da grafologia mais aceita e adiantada em nosso país e visa definir se determinada escrita foi feita pela pessoa, ou no termo técnico, pelo próprio punho. Por exemplo, se a assinatura avaliada (contestada) pertence ou não à pessoa. A grafoscopia é utilizada para se verificar a autenticação de documentos, certidões, testamentos etc.

Todos os dias acompanhamos na televisão e nos jornais inúmeros casos de falsificações de documentos e imediatamente os grafotécnicos são chamados para emitir seus pareceres.

Algumas universidades brasileiras possuem em seus quadros os melhores especialistas do Brasil no assunto, como por exemplo a Unicamp em Campinas, São Paulo, e o Instituto Carlos Éboli no Rio de Janeiro.

O Poder Judiciário, as polícias civis de todos os estados, a Polícia Federal, as Forças Armadas e os bancos possuem em seus quadros especialistas nessa área.

Pelas instituições descritas temos noção da importância que esta parte da grafologia assume em todos os países do mundo, inclusive no nosso.

Grafofisiologia

A grafologia fisiológica estuda os mecanismos da escrita, como ela é produzida e executada pelo cérebro. A trajetória do movimento cerebral pode ser toda calculada e explicada por dados matemáticos, é uma ajuda de grande valia para o estudo do funcionamento do cérebro e descobrimento de doenças.

Grafopatologia

Aqui temos de tomar muito cuidado, pois somente o médico tem capacidade de fazer diagnósticos. A grafopatologia é a observação de doenças ou distúrbios por meio da escrita. Trata-se de uma área com grandes avanços, porém a cautela é mais do que necessária pois não se faz diagnósticos com apenas um instrumento, neste caso a escrita – ainda mais que não existem dados estatísticos confiáveis em muitos casos.

Os primeiros estudos relacionando doenças com determinados tipos de escritas surgiram no final do século XIX, na França e na Alemanha. A maioria dos pesquisadores eram renomados médicos da época.

Utilizada principalmente como meio auxiliar na descoberta de distúrbios neurológicos, transtornos psiquiátricos e enfermidades em geral. Em muitos casos, o paciente não revela, por desconhecimento ou medo, os sintomas de sua doença, ou às vezes o faz de maneira errada, dizendo, por exemplo:

– Estou apenas com *stress*! Bebo de vez em quando.

Ao analisar a escrita em diversas épocas, pode-se captar, com certa precisão, muitos dos problemas do paciente, até mesmo quando tiveram início.

Basta um pouco de experiência para se notar casos de paralisia, gagueira, Mal de Parkinson, e de Alhzeimer, epilepsia etc.

Na América do Sul, o país mais adiantado neste tipo de estudo é a Argentina. Em pesquisas comprovadas descobriram-se casos de esquizofrenia e, nos Estados Unidos, o dr. A. Kanfer trabalhou com diagnósticos ligados ao câncer.

O princípio é até simples: qualquer coisa que afete o corpo, seja no aspecto físico ou no psicológico, afeta o cérebro, e é este quem comanda a escrita.

Contudo, a dificuldade está em traçar estatísticas suficientes que classifiquem com precisão se determinada característica grafológica está ligada à doença. Especialmente porque os métodos de tratamento estão cada dia mais presentes e influem de modo decisivo na doença.

Tanto as alterações físicas quanto as do estado de espírito influem na execução material da escrita.

Assim sendo, depressão, delírios, excitação etc. revelam sintomas que se traduzem em gesto gráfico.

Todavia, nem sempre é fácil observar isso, pois doenças mentais vêm acompanhadas das físicas; alguns tipos de intoxicações têm sintomas parecidos com os do alcoolismo.

Para muitos grafólogos e médicos é certo que as doenças modificam a escrita, mas nem sempre podemos relacionar um padrão de escrita com o tipo de doença. São necessárias mais pesquisas científicas para que isso fique provado.

Outro exemplo disso são os efeitos das drogas no organismo e sua relação com a escrita. Trata-se de um assunto estudado em diversas universidades e centros de pesquisa nos Estados Unidos e Europa.

Já tentou escrever após uns "tragos" além da conta?

Até mesmo para o leigo é fácil descobrir que depois de ingerir bebidas alcoólicas a letra se modifica e, após um pileque, o grafismo se torna praticamente ilegível.

O álcool, por ser a droga mais comum, é também a mais estudada. Mesmo sem experiência, o iniciante em grafologia pode captar detalhes do alcoolista.

A primeira noção que deve ser observada é a do duplo efeito do álcool. Segundo estudos do Departamento de Psicologia da Escola Paulista de Medicina, as evidências atuais sugerem que o álcool é depressor em doses altas e em baixas doses pode ter efeito estimulante. Obviamente os efeitos das doses variam de acordo com a pessoa.

Agindo como estimulante, no primeiro momento a letra tende a se ampliar, os traços se tornam um pouco maiores, a pressão varia, podendo até diminuir, e existe certa leveza na caneta.

Após diversas doses, o álcool deprime, a escrita passa a ser confusa, os traços não têm direção e o tamanho varia.

Os dados acima variam e são considerados para pessoas não-alcoolistas; o problema agrava-se quando o álcool está agindo no organismo há muito tempo. Para o indivíduo é difícil precisar o momento em que se tornou alcoolista; mesmo grafólogos experientes não podem definir com precisão se a pessoa é doente.

Muitos efeitos do álcool são irreversíveis e difíceis de serem controlados, como o "tremor das mãos", por exemplo. Como curiosidade, a escrita do alcoolista tende a ser tremida, com letras ovais e fechadas de maneira brusca e violenta; as palavras são interrompidas com dimensões anormais; os finais das letras são descendentes e truncados, existem letras com rebarbas e empastadas e as direções são variáveis, com margens desproporcionadas e inconstantes.

Continuando nosso passeio, chegamos à grafologia infantil.

É muito fácil para você descobrir a diferença entre a escrita infantil e a de um adulto. Verifique seus cadernos de infância e compare as diferenças! O homem das cavernas se expressou através de desenhos e rabiscos nas paredes; a criança, de certa forma, faz o mesmo com seus primeiros rabiscos. A escrita da criança evolui com a idade e o tempo e o desenvolvimento das capacidades motrizes levam a uma escrita mais rápida, ágil e fluente.

O ato de escrever é uma ação convencional e codificada, fruto de uma aquisição por meio de intensos treinamentos. Conclui-se, então, que é de capital importância a posição dos pais e mestres na aprendizagem da escrita. Muitas vezes, diversos distúrbios na escrita são causados por professores e pais que obrigam a criança a escrever com a mão direita, quando o normal para ela seria a esquerda. É mais fácil ensinar o adulto analfabeto a dirigir do que escrever.

Para a criança, a escrita é a primeira possibilidade de transmitir ideias fixando-as no papel; o nível de organização, o tamanho das letras e as formas revelam o modo como ela se mostra para a sociedade.

É fácil observar a diferença entre as escritas de crianças abandonadas e as de crianças criadas com famílias estruturadas. As primeiras apresentam formas variáveis, desorganizadas e com bruscas mudanças de pressão e direção; as outras tendem à normalidade.

As exigências da sociedade e do mundo atual são projetadas na escrita infantil, a obrigação de vencer chega até a criança e a transforma. O grafismo tem de ser rápido, prático, sem floreios e organizado.

Para o grafólogo, é importante que os pais guardem os primeiros rabiscos e as primeiras tentativas de se imitar a escrita (rabiscografia); o mundo existencial e os conflitos infantis estão colocados neles.

Aos seis ou sete anos não se tem os vícios e as maldades do mundo, observa-se que o grafismo infantil é mais simples que o adulto, ou seja, não possui complexidade.

Entre os distúrbios gráficos infantis mais comuns pode-se citar a disgrafia, ou seja, uma deficiência no ato de escrever sem que exista qualquer problema de ordem neurológica ou intelectual; normalmente, trata-se de distúrbios de ordem emocional.

Existem diversos estudos e a maioria é realizado em crianças entre seis e doze anos. Observam-se principalmente a pressão dos traços; zonas médias, inferior e superior; irregularidades de pressão; linhas tortas, flutuantes e apertadas; organização e disposição do texto na página; formas de letras imperfeitas etc.

O que se pode notar é a grande diferença entre a escrita de crianças normais e a de crianças com distúrbios disgráficos.

A grafologia infantil, quando devidamente utilizada por psicólogos, professores e pedagogos, traz resultados surpreendentes. O simples fato de conhecê-la pode evitar que se faça o absurdo de uma criança ser obrigada a escrever com a mão contrária a sua natureza, como já disse anteriormente.

Os estudos grafológicos também são aplicados ao adolescente e ao adulto. Sem nos aprofundarmos, na adolescência, o traçado foge dos esquemas convencionais, a pressão é bastante variável e as formas de adultos começam a aparecer. Em geral, toda a sensibilidade e angústia dessa idade é colocada no papel.

A escrita da menina tende a se estabilizar de modo mais rápido que a do menino.

No adulto, a pressão é constante, o traçado é sóbrio, vertical, as letras não têm ornamentos desnecessários, as linhas são horizontais e a velocidade é constante. É nessa fase que o automatismo atinge sua plenitude, a escrita é totalmente realizada de maneira inconsciente, a onda gráfica avança pelo papel com naturalidade, sem nenhuma indecisão.

Em idosos, é normal certos tremores no traçado, o tamanho das letras tende a diminuir, algumas letras são caídas e a ligação tende a variar, pois o esforço no ato de escrever aumenta. Do aumento desse esforço advém a tentativa de simplificar ou até suprimir diversas ligações ou certas letras. É possível que algumas características da escrita infantil retornem.

Traços de uma fase que estão presentes na outra indicam que as características da personalidade também se encontram ali.

Reeducação gráfica

Trata-se da técnica de utilizar a escrita como auxiliar na reeducação de procedimentos e na reabilitação de certos tipos de doenças; pode ser utilizada como parte da fisioterapia em acidentados. Tudo isso se realiza por meio de exercícios grafomotores, sob a supervisão direta de um especialista.

Se o problema for timidez, a letra será pequena, se for falta de energia, o grafismo se apresentará com pressão fraca. Com essas observações, o especialista fará exercícios gráficos específicos com seu paciente. Os exercícios são curvas dos mais diversos modelos e pouco se solicita que melhore a letra. Também não se solicita qualquer alteração na assinatura, isso ocorre naturalmente ao longo do tempo.

Ao lado dos exercícios, o especialista sempre procura colocar o poder de persuasão, com palavras de otimismo.

Os princípios utilizados na reeducação gráfica são os seguintes:

- O gesto gráfico repetido de forma habitual e metodicamente disciplinado influi no psiquismo correspondente à grafia.

- A disciplina motriz pode corrigir estados psíquicos alterados.

- À reeducação pode-se acrescentar a auto-sugestão, fazendo com que o texto evoque idéias que queiram desenvolver nos indivíduos psicologicamente desajustados ou enfermos.

Você já realizou algum exercício de reeducação gráfica?

Creio que sim!

Os primeiros exercícios de reeducação gráfica são realizados na escola primária e nos cadernos de caligrafia. A professora, muitas vezes de forma inconsciente, obriga as crianças a escreverem de certo modo que nada mais é do que a aceitação das normas impostas pela sociedade.

Existe também a sugestão: os cadernos de caligrafia falam de pátria, família, escola etc. A criança que sai do esquema imposto e foge do modelo é imediatamente chamada à atenção, e posteriormente condicionada a escrever como a professora, "representante da sociedade" e que sabe escolher o melhor para todos.

O elogio faz com que todas procurem escrever no padrão exigido para se obter a aprovação. Isso acontece em todo o mundo, guardadas as devidas proporções.

Não creia que a reeducação gráfica é o monstro como foi descrito acima, pois nem com cadernos de caligrafia trabalha. Os exercícios são baseados em traços, círculos, curvas etc. O seu sucesso é inegável e sua eficiência é notada principalmente em casos de correção de timidez e complexos de inferioridade, de memória e atenção, de estados de angústia, depressão, ansiedade e distúrbios psiquiátricos leves.

Cada uma das utilizações é objeto de centenas de livros. Antes de encerrar o capítulo, não custa alertá-lo de que há, como em toda área do conhecimento humano, uma ética a ser seguida. Na França, existe um artigo do Código Penal que diz estar o grafólogo obrigado a segredo profissional.

Recrutamento e seleção de pessoal

É a parte da grafologia mais utilizada em nosso país. Calcula-se que mais de 95% dos grafólogos trabalham fazendo perfis grafológicos para empresas, especialmente no recrutamento e seleção de pessoas.

A grafologia como instrumento de seleção de pessoal se iniciou na década de 1950, quando inúmeras indústrias farmacêuticas chegaram ao país e passaram a contratar pessoal por meio dela. Entretanto, as análises eram enviadas para grafólogos na Europa. O próximo passo foi trazer esses especialistas ao Brasil, ficava mais barato e os que por aqui aportaram, foram os professores de bons grafólogos.

Ao solicitar que o candidato escreva uma carta com cerca de 20 linhas e assine, o psicólogo ou recrutador, provavelmente, irá submeter a mesma à avaliação grafológica.

Algumas empresas possuem grafólogos, outras terceirizam esse tipo de atividade.

Quais as características que são avaliadas? Vou ser reprovado ou aprovado por isso?

Calma, vamos explicar melhor.

As empresas dificilmente usam somente um instrumento para avaliar a capacidade psicológica de seus candidatos. Entre eles estão as entrevistas, testes psicológicos, dinâmicas de grupos etc.; e a grafologia, naturalmente.

Na execução do perfil grafológico, dezenas de características são observadas, mas não se preocupe, poucas empresas reprovam os candidatos somente pela grafologia. O termo perfil grafológico atualmente substitui o "laudo", pois este é privativo dos médicos e psicólogos e tem uma série de normas que são regidas por leis.

Ao avaliar o candidato, o que se deseja saber é se as qualidades estão ou não de acordo com o cargo desejado. A pessoa extremamente ativa e que gosta de movimento provavelmente vai ter dificuldade para atuar em rotinas intensas. As características do almoxarife são diferentes do publicitário.

A grafologia, antes de tudo, auxilia o recrutador a colocar a pessoa certa no lugar certo, de modo que ela possa render de forma adequada. Mais ainda, sentir-se bem na função para a qual foi contratada.

Algumas das características observadas: inteligência, vontade, liderança, versatilidade, diplomacia, tato, prudência, decisão, clareza ao expor as idéias, agressividade, flexibilidade, desconfiança, mentira, ambições, energia, orgulho etc.

Fazendo uma estimativa baixa, cerca de cinco mil empresas utilizam-se direta ou indiretamente da grafologia no Brasil, entre elas, bancos, petrolíferas, supermercados, laboratórios farmacêuticos, entre outras, muitas são multinacionais.

Escolas e Métodos

A principal escola de grafologia é a francesa; a alemã e a suíça têm as raízes na terra de Jamin, embora adotem métodos diferentes para realizar o perfil grafológico.

No mundo existem dezenas de escolas de grafologia e suas derivadas, algumas são excelentes, outras beiram o absurdo.

Atualmente, grafólogos em todo o mundo procuram se especializar em determinada escola, contudo não deixam de lado conceitos importantes das demais.

Ainda não existe uma escola de grafologia brasileira e alguns grafólogos fazem a mistura de várias de qualquer maneira. O resultado não é dos melhores.

A principal influência no Brasil foi a dos grafólogos espanhóis Augusto Vels e Mauricio Xandró.

Muitas abordagens ainda não têm um caráter científico pleno e a validade delas vem sendo testada em universidades e centros de pesquisas. Por isso são motivos de contestações.

São elas:

- Escola mímica.
- Escola simbólica.
- Conteúdo emocional.
- Movimentos inconscientes e conscientes.

Escola mímica

O fundador foi o abade francês Jean-Hippolyte Michon (1806-1881). De acordo com os autores, o homem é um ser gesticulante, que dá força, relevo e cor ao que diz, juntamente com os gestos. A escrita, a expressão e a gesticulação formam um todo indivisível que pode ser avaliado e percebido pelo grafólogo.

Destaca-se Solange Pellat que criou as leis da escrita, adotada até os dias atuais por todos grafólogos e peritos em criminalística do mundo.

Com base nos estudos de Michon, Crépieux-Jamin (1858-1940) ampliou os principais conceitos do abade e divergiu frontalmente de alguns conceitos dele.

A visão cartesiana na obra de Jamin estava de acordo com o espírito científico da época. Ao classificar gêneros e espécies, ele criou um método que é valido até os dias atuais. A mímica, segundo os seguidores dessa escola, significa o homem em movimento. A classificação inicial dos gestos proposta por Jamin foi aperfeiçoada ao longo do anos:

- Gestos que participam da distribuição da página – **ordem**

- Gestos de expansão na folha do papel – **tamanho** (ou dimensão)

- Gestos de orientação espacial – **direção e inclinação**

- Gestos de união das letras – **ligação e continuidade**

- Gestos de rapidez na escrita – **velocidade**

- Gestos que moldam as letras – **forma**

Com essas bases, o método francês procura na escrita sinais de superioridade e inferioridade, inteligência, vontade, senso estético, moral, caráter, patologias etc.

A idade e o sexo não são visíveis na escrita; os conceitos de idade psicológica e idade cronológica não estavam bem definidos no início do século, fato que levou Jamin, em estudos com Alfred Binet, a empreender estudos de idade e sexo na escrita. O acerto de mais de 85% nos estudos foi considerado excepcional.

Atualmente, grafólogos em todo o mundo reconhecem dificuldades nesse campo e não tentam "acertar" a idade através do grafismo, embora em alguns casos possam indicar a faixa etária do escritor.

Simbolistas

O suíço Max Pulver, considerado por muitos o mais brilhante grafólogo de todos os tempos, criou a escola dos simbolistas.

Suas bases estão nas teorias da Psicologia Analítica Profunda desenvolvida por Carl Gustav Jung.

O livro *O simbolismo da escrita,* de Pulver, é um marco da grafologia mundial.

Para Pulver a escrita é um gesto gráfico fixado no papel que traduz de forma simbólica a personalidade do autor de determinada escrita.

A escrita é ao mesmo tempo:

• o símbolo de manifestação de si mesmo;

• um caminho que conduz ao outro;

• uma manifestação interior de quem escreve.

O ponto em que iniciamos a escrita pode ser considerado o "eu" do escritor, é deste local que saímos para nos comunicar com os outros. Essas observações podem ser aplicadas às diferentes maneiras de escrever dos diversos povos.

Nós, ocidentais, consideramo-nos indivíduos voltados para o futuro, o progresso; em virtude disso, de modo inconsciente, escrevemos da esquerda para a direita. Os árabes escrevem da direita para a esquerda, sentem-se como o último elo de uma cadeia que deve perpetuar o patrimônio legado por seus antepassados.

Os chineses se consideram filhos do céu, escrevem de cima para baixo.

O simbolismo pode ir mais adiante, porém é necessário que se tenha maior cautela. São comuns notas musicais nas escritas de compositores, luvas de box nas de lutadores, cortes de bisturis nas de cirurgiões etc.

A bola colocada no "p" da assinatura de Pelé seria uma delas. O interessante é notar que a mesma foi desaparecendo após ele parar de jogar futebol. Tais fatos muitas vezes não podem ser provados cientificamente, porém é inegável sua existência e seu valor para a conclusão do laudo grafológico.

Outra contribuição de Pulver foi a interpretação psicanalítica da assinatura, que normalmente é realizada de acordo com as regras grafológicas. Pulver uniu as duas: se na assinatura predomina o primeiro nome, indica uma infância feliz; quando a ênfase é dada ao sobrenome, mostra gosto pelos ritos sociais, importância à família.

Conteúdo emocional

Essa escola foi iniciada na Alemanha com os estudos de Rafael Schermann. Seu autor causou espanto aos meios científicos ao descrever, através da escrita, detalhes e fatos da vida das pessoas que analisava.

O dr. Askar Fischer, Professor de Neurologia e Psiquiatria da Universidade de Praga, conclui que no caso de Schermann estavam presentes aspectos grafológicos, fisiognomônicos, hiperestéticos e telepáticos.

Embora esse tipo de análise fosse estudado por pesquisadores em Paris, Viena e Nova York, seu método caiu em descrédito.

Curt A. Honroth, um alemão, radicado na Argentina após a Segunda Guerra Mundial, reorganizou essas teorias e junto com Ribera, chamou-as de grafologia emocional.

A grafologia emocional foi definida por Honroth como o estudo dos acidentes gráficos escriturais ou erratas devidas a alterações emocionais circunstanciais ou dominantes do sujeito. Cada indivíduo registra ao escrever seu modo peculiar de expressão psicossomática e os microgestos que formam a sua personalidade (Julio Cavalli, Presidente da Sociedade Pan Americana de Grafologia).

As conclusões de Schermann beiravam o sobrenatural e, embora pesquisadas cientificamente, não forma objetos de uma conclusão definitiva; já as teorias de Honroth e Zarza podem ser assimiladas, com certa facilidade, pelos grafólogos.

Honroth fala de *lapsus calami* da mesma maneira que Freud explicava *lapsus linguae*, que segundo este mostram problemas inconscientes que afetam e distorcem certas palavras, chamadas de *palavras reflexas*.

Assim, por exemplo, se a pessoa tem medo de andar de avião, ao escrever essa palavra ela fica diferente das demais no texto.

Essas distorções, quando percebidas pelo analista, amplia de maneira significativa o laudo e mais que isso, pode mudar a estrutura da interpretação final, já que o conteúdo emocional, a *palavra reflexa*, pode ser muito profundo e traz à luz dados que não são observados pelos outros métodos.

Movimentos inconscientes e conscientes

Tem seus estudos estruturados por Lages e Solange Pellat que afirmam que o ato de escrever está polarizado entre o movimento inconsciente formativo e o inconsciente deformador.

Quando o consciente é forte, a escrita é artificial, a escrita revela-se monótona e mecânica.

Ao entrar na escola, a criança aprende a escrever segundo um modelo escolar, pré-estabelecido, trata-se de um movimento imitador, voluntário e consciente, porém não somos máquinas e ocorre entre nós uma verdadeira transformação individual, através de um processo natural e involuntário, sendo que isso acontece desde a infância até a idade adulta. Esse fenômeno pode ser observado na escrita, é o que chamamos de grafogênese.

Escola alemã

A escola alemã deve ao psicólogo Klages a notoriedade e evolução que possui atualmente. Filósofo e escritor, Klages realiza sua obra com um rigor e brilhantismo que aproximam a grafologia cada vez mais de uma verdadeira ciência. Convém lembrar que Klages se iniciou na grafologia com a escola francesa.

A obra de Klages se constitui em um referencial para grande parte dos grafólogos e sua influência se nota até os dias atuais. Baseado na escrita como movimento expressivo, a escola desenvolveu conceitos técnicos de primeira linha que a são aceitos em todo o mundo.

A diferença entre o ponto de partida da escola alemã e o da francesa reflete as tendências intelectuais dos dois países. Os franceses são artistas do pensamento, ocupam-se com as formas; os alemães preferem a ação, a intensidade dinâmica do gesto gráfico.

Muitos psicólogos alemães estudam ou praticam grafologia; ela é matéria nas universidades de Berlim, Hamburgo, Kiel, entre outras.

As três escolas acima citadas formam o tripé da grafologia mundial e são aplicadas de diversas maneiras.

Escola italiana – padre Girolamo Moretti

O padre Girolamo Moretti, franciscano da Ordem de los Fraies Menores Conventuales, nasceu no ano de 1879 em Recanati, pequena cidade da Itália central, e morreu em 1963.

Publicou o primeiro livro em 1914, com o pseudônimo de Umberto Koch, o *Manuale di grafologia*, que teve várias edições.

Sua obra fundamental foi *Trattato di grafologia. Intelligenza, sentimento*, que até 1995 estava na

13ª edição. A grafologia científica deve a esse grande mestre uma gama de discípulos.

Com a fundação, em 1977, do instituto que leva o seu nome, a continuidade de suas pesquisas está garantida na Itália.

No conjunto, trata-se de uma obra extremamente original cujos conceitos vêm sendo adotados por grafólogos de outras escolas.

Grafometria

Uma das primeiras críticas feitas à grafologia no início do século era a de quantificá-la. Pesquisadores passaram então a encontrar meios de se realizar estudos da grafologia utilizando a estatística. Estava criada a grafometria. O resultado acabou surpreendendo não só pelas conclusões, mas pelas infinitas possibilidades que passaram a existir.

Trata-se da medição da escrita visando encontrar características psicológicas. A escola italiana de Moretti trabalha com dados grafométricos, mas o método é extenso demais para ser explicado neste livro.

Há vários tipos de grafometria, em linhas gerais o que se faz é dar valores de 0 a 10 a cada um dos principais aspectos da escrita. É fácil se observar a velocidade do grafismo: uma escrita que seja executada entre cem e cento e vinte letras por minuto teria uma velocidade considerada média, ou seja, nota 6; com mais de cento e cinqüenta letras, nota 8; pressão fraca, nota 5; muito forte, 8 ou 9.

Todos os dados possíveis são valorizados e graças a eles se consegue um perfil grafológico mais exato.

Métodos imprudentes

Embora condenados desde o início do século XIX, até os dias atuais ainda se usam alguns métodos de maneira irracional, medindo pequenos detalhes, pesando papel antes e depois de escrito. Esses procedimentos não levam a lugar nenhum, assim como grafólogos que adotam apenas um livro para realizar perfis grafológicos.

O GRAFÓLOGO VI

Talvez o ponto mais crítico da grafologia, no Brasil, seja a formação do grafólogo. Por falta de legislação específica, qualquer pessoa pode se dizer "especialista em grafologia".

Em muitos países a grafologia está bem desenvolvida, como por exemplo na Argentina, onde é reconhecida oficialmente pelas autoridades.

Na Itália existem cursos de três anos na Universidade de Urbino; Espanha, Universidade de Madri; Alemanha, Berlim, Hamburgo, Friburgo e Munique; Argentina, Asociación de Grafólogos Oficiales.

No Brasil, existem cursos livres ou grafologia como matéria complementar de pós-graduação – ABEU – RJ, Universidade Gama Filho (no Rio de Janeiro) e na Estácio de Sá também no Rio de Janeiro.

Existe no Congresso Nacional um projeto de lei para aprovação da profissão de grafólogo, pois até o momento a grafologia não é reconhecida de maneira oficial; portanto, não está facultado a qualquer pessoa dizer-se grafólogo.

Creio que com a aprovação da profissão; a técnica será regulamentada com mais precisão; isto se faz necessário também para os grafólogos como para as empresas que utilizam o método grafológico; mas principalmente para a sociedade brasileira. Para isto a Sociedade Brasileira de Grafologia, por meio de sua presidente e membros tem se feito inúmeros e consistentes esforços perante as autoridades do país.

Perguntas:

• *Quem pode ser grafólogo?*

Qualquer pessoa que disponha a estudar por mais de dois anos as teorias de grafologia. Já existe jurisprudência, desde a década de 1960, que a grafologia não é privativa de psicólogos ou de qualquer outra classe profissional.

• *Existe alguma instituição de grafólogos no Brasil?*

Sim, a Sociedade Brasileira de Grafologia (Sobrag). Contudo, ela ainda não tem caráter oficial e nem pode normatizar qualquer procedimento em relação à matéria que não seja entre seus membros, pois se constitui num grupo particular. Muito bem conceituada em todo mundo, de maneira extraoficial, como representante do Brasil em relação às suas similares.

• *O que um grafólogo deve saber para realizar análises grafológicas?*

Esta é uma questão em aberto, porém alguns dados devem ser colocados como básicos como: possuir ou estar cursando nível superior; estudos de ética, filosofia, psiquiatria, psicologia, criminalística, fisiologia, direito, etc; mais ainda, maturidade intelectual e moral; realizar cursos de grafologia; supervisionar grafólogos profissionais por no mínimo dois anos.

• *Por que uma vasta gama de conhecimentos?*

Porque a grafologia trabalha com seres humanos, por isso deve ser um instrumento de aperfeiçoamento tratado com extrema cautela. Sem conhecimentos profundos não se traça um perfil grafológico correto.

• *Qual a diferença entre perfil e laudo?*

O laudo tem força de lei e é feito por médicos e psicólogos; o perfil ainda não possui legislação específica para tal, contudo, ainda chegamos lá.

• *Ouvi o nome grafoanálise? Grafoanalistas? Que quer dizer isso?*

Trata-se de termos criados e patenteados pelo grafólogo americano M. Bunker e que só podem ser usados pelos que fizeram o curso de grafoanálise com IGAS (International Graphoanalysis Society). Não tem mistério, é grafologia. Muitos brasileiros se dizem grafoanalistas e que fazem grafoanálise, nada mais errado, propaganda enganosa.

Os grafólogos atuam em várias áreas, a mais comum é o recrutamento e seleção de pessoal nas empresas. Um perfil grafológico chega a custar meio salário mínimo na cidade de São Paulo. Isso torna a profissão extremamente convidativa, mas também palco de aventuras de desavisados.

Muitos psicólogos, hoje, trabalham de modo exclusivo com a grafologia. Convém lembrar que cerca de 85% dos grafólogos são mulheres e isso ocorre em todo o mundo. Existem algumas explicações, talvez a mais consistente seja a de que elas têm preocupação em conhecer o ser humano de forma mais profunda.

Conclusão

O grafólogo deve ser livre de preconceitos, não deixar que problemas pessoais interfiram na análise e sempre ter em mente que a grafologia tem como objetivo principal aperfeiçoar o ser humano.

"A atitude do grafólogo deve ser sempre positiva, as suas análises jamais devem desencorajar; depois de descobrir as fraquezas, complexos e conflitos, o grafólogo deve reunir todos os elementos úteis para dar uma nova orientação ao autor. A nossa tarefa não consiste em dizer a verdade nua e crua, conforme conseguimos observar no grafismo, mas sim a ajudá-lo a encontrar sua verdade, para que possa ser guiado para um novo caminho em sua existência." (Ania Teillard)

COMO ESTUDAR GRAFOLOGIA NO SÉCULO XXI

Introdução

O objetivo deste capítulo é mostrar como a grafologia é estudada atualmente nos países mais adiantados e por alguns grafólogos de primeira linha em nosso país.

Existem no Brasil bons grafólogos e grafólogas que estão de acordo com as mais recentes evoluções do método grafológico em si; outros ainda se situam no início do século XX, quando os pequenos dicionários de sinais já eram condenados pelos mais renomados especialistas da época.

Crépieux-Jamin dizia que a cada trinta anos os grafólogos devem fazer uma revisão dos conceitos e da terminologia grafológica. Percebeu o grande mestre que a escrita como movimento cultural possui dinâmica própria, com isso tende a mudar e evoluir de acordo com as novas vivências e desafios da sociedade.

Além disso, existem outros fatores que influem na mudança da escrita. Relatamos alguns:

- Evolução dos métodos de ensino na escrita.
- Novos tipos de papéis.
- Infinidades de novos materiais como canetas e lápis (forma, tamanho, peso).
- Evolução tecnológica, abandono da escrita pelo uso do computador.

A nova visão da sociedade e de seus desafios, certamente são levados para o comportamento do indivíduo em todos os planos: sociais, morais, intelectuais, físicos etc. Não raro existem escolas bilíngües e a criança aprende a escrever em dois idiomas e/ou de forma tipográfica.

A escrita se adapta e se transforma com os novos tempos. Como reflete a personalidade individual, certamente mostra essas modificações.

Dos anos 1960 para os nossos dias, a escrita sofreu o impacto da caneta esferográfica. Como é sabido por todos, quase toda a grafologia clássica foi baseada nas canetas tinteiro.

Klages, em *Escrita e Caráter*, relata os vários tipos de penas utilizadas em sua época. Jamin, assim como Michon, mostra em seus livros exemplos de escritas com penas de ganso – alguns autores relatam a maneira transversal de como era feito o corte nas mesmas.

Essas mudanças são acusadas nos grafismos. Assim, muitas espécies grafológicas evoluem e outras morrem, tornam-se "dinossauros no tempo" – tais quais os grafólogos que não se atualizam.

Um exemplo clássico é a escrita *à encoches*, fr. – *con muescas*, esp. Descrita por Paul Carton no livro *Diagnostic e Conduite des Tempéraments;* pág. 92 – também relatada no livro *ABC de la Grafologia;* Ed. Ariel – pág. 419 da edição espanhola.

Trata-se de um freio nos gestos verticais da caneta tinteiro, a pressão aumenta e as pontas da pena se abrem, formando uma espécie de pequeno chifre. Este tipo de escrita é impossível com a caneta esferográfica e, mesmo assim, dificílimo nas canetas – tinteiro atuais, pois o corte central – muitas vezes feito a laser – não permite tal abertura, inclusive com forte pressão.

É óbvio que o iniciante na grafologia dificilmente vai encontrar exemplos de grafismos tais quais foram mostrados. Portanto, é necessário que o grafólogo se ajuste aos "novos" tipos e exemplos de escritas – especialmente se for professor e ministrar aulas de grafologia.

Mais uma vez, observo aqui que os conceitos não estão errados e nem os exemplos, somente que estes se perderam no espaço e no tempo e não são mais vistos por motivos descritos anteriormente.

A todos esses processos de evolução, se aliam novos métodos de diagramação, novos tipos de letras em livros, programas de computadores, telas eletrônicas etc. Em resumo: além do método grafológico, o método de ensino mudou.

Novos e interessantes autores surgiram e acrescentaram precisão ao método grafológico. Não cabe citar aqui, porém, em todos os países esses grafólogos(as) estão presentes e muitos disponíveis para discussão *on-line*; via internet, fato que não era possível há cerca de dez anos. Lembro-me da felicidade de trocar correspondências mensais (ou bimensais) com o prof. Augusto Vels.

É certo que – assim como a escrita – os métodos de estudos e de ensino da grafologia mudaram. Contudo, muitos grafólogos ainda não se deram conta disso e outros que se deram não dão o braço a torcer, pois não podem se dizer desatualizados – na realidade não estão desatualizados, estão ultrapassados.

Estudo da grafologia

O estudo da grafologia pode comportar várias técnicas; entretanto, o grafólogo deve observar a escrita dentro do contexto global e sobretudo, dinâmico na maneira de interpretar a escrita.

É muito bom agregar conceitos de várias escolas no estudo de um perfil, mas o que ocorre é que muitas vezes se perde a linha de pensamento do autor e o método proposto passa a ser uma miscelânea de conceitos que tiram a agilidade e a precisão do método.

É praticamente impossível iniciar um estudo pelas teorias de Pulver, e ingressar no método proposto por Klages, ao mesmo tempo em que se tentar estudar Jamin.

Embora se complemente em muitos pontos, a obra de Klages é baseada na *gestalt*, na ciência da expressão. Os estudos de Jamin têm como base a visão cartesiana.

Portanto, o método deve ser um só, apenas agregar os conceitos mais pertinentes de outras escolas.

Nesse ponto é interessante notar que alguns dos melhores especialistas do Brasil nunca ouviram falar dos "10 tipos de movimentos" citados pela grafóloga Rena Nezzos e menos ainda dos cinco tipos descritos por H. Gobineau (GOBINEAU, H. de / PERRON, R. *Génétique de l'écriture et étude de la personnalité: Essai de graphométrie*. Neuchâtel, *Delachaux et Niestlé*, 1954).

Sem a análise do *movimento* da escrita não se chega à plena dinâmica da personalidade. Nesse ponto nossos estudos concordam com os da escola francesa; em determinados grafismos é difícil avaliar a velocidade, mas em todos é possível reconhecer o movimento e suas mais diversas variações.

Tendo como referência o termo criado pelo psicólogo americano P. Ekman, o grafólogo sem o estudo do movimento pode cair no *equívoco de Otelo*, que no drama de Shakespeare interpreta o medo na face de Desdêmona como traição, assim a mata pela percepção equivocada. O grafólogo identifica um sinal, mas não pode avaliar de modo errôneo sua dinâmica, já que o *mesmo movimento* pode ter várias causas.

Melhor explicando:

Caso observemos através da janela uma pessoa correndo, a primeira avaliação e a mais óbvia é que *a pessoa está correndo*.

Lato sensu, muitos grafólogos fazem isto: observam a espécie, escrita inclinada e a avaliam. Trata-se de uma visão muito pobre em termos psicológicos, já que o *mesmo movimento* pode ter várias causas.

A pessoa pode estar correndo para pegar o ônibus, fugindo da chuva, de um cão raivoso, para encontrar alguém etc. O mesmo ocorre na grafologia, temos de entender essa dinâmica para que os processos de compreensão da personalidade do autor sejam os mais amplos possíveis.

A escrita inclinada pode ter a margem direita muito grande, por exemplo; neste caso a interpretação precisa ser ajustada ao espaço. O ponto de partida – margem esquerda, grande ou pequena – vai influir na avaliação. O movimento deve ser integrado a essa interpretação e assim a conclusão é muito mais dinâmica que a inicial.

Grafologia moderna engloba o estudo do **movimento**, **espaço**, **forma**, **traço** e suas integrações entre si.

Tipologia

Com o descrito, a precisão se amplia e é certo que outros métodos como a tipologia hipocrática (tipos bilioso, nervoso, linfático, sanguíneo), perdem grande parte de sua eficácia caso comparada com esta visão muito mais dinâmica da personalidade.

Mas para entender essa afirmação é preciso estudar os quatro itens citados acima, sem esse conhecimento é impossível. Impossível de se começar uma discussão séria sobre o método.

O pequeno resumo adiante mostra todo o potencial envolvido nas afirmações anteriores.

Movimento

Deve ser compreendido, não só em si, mas sua dinâmica em relação aos demais elementos da escrita. Trata-se do aspecto mais instintivo do gesto gráfico, nele estão contidas as motivações do escritor.

São estudados os dez tipos de movimentos; neles incluídos os cinco tipos propostos por Gobineau: imóvel, flutuante, fluído, bloqueado e dinâmico.

Os propostos por Rena Nezzos: estático, ou imóvel; flutuante; inibido, contido; controlado; fluído ou sem esforço; vibrante, efervescente; dinâmico; propulsivo; retardado; revirados para a esquerda.

Espaço

Trata-se da parte mais inconsciente da onda gráfica. Aqui se observa o espaço social do escritor.

A maioria do conhecimento sobre o espaço na grafologia brasileira prende-se às teorias de Pulver, publicadas no livro *Escrita e Personalidade*, ed. Pensamento, do brilhante mestre espanhol Augusto Vels. Contudo, em análise mais crítica, vemos que as teorias de Pulver – embora corretamente – são colocadas de maneira fragmentada nesta obra e não são indicadas ao iniciante em grafologia, pois ao contrário de esclarecer, confundem. Trata-se de um livro profundo, mas não para iniciantes.

O estudo do espaço feito por Pulver, cujos primórdios são encontrados no grafólogo Duparchy Jeannez, *Essai de graphologie scientifique*. Paris, Albin Michel (1931). Pulver deve ser entendido como parte de sua obra e nem sempre pode ser estudada de forma separada e agregada a outros métodos.

Embora distante de Pulver, as teorias do espaço do padre Girolamo Moretti possuem essencial originalidade, mas também não devem ser estudadas em partes isoladas e aplicadas junto com outras teorias.

Tanto os estudos de Pulver, como os de Moretti, só atingem sua plena eficácia quando utilizados dentro de seus respectivos métodos.

Muitos grafólogos – na ânsia de mesclar vários métodos, não compreendem isso; em alguns casos, pior ainda – utilizam apenas "duas linhas escritas" de informações e a tomam como toda base do estudo do método por completo.

Forma

A forma é a característica mais intencional da onda gráfica (Vels). Nela, o consciente se expressa em quase sua totalidade. É certo que partimos de um modelo caligráfico estabelecido e assim aceitamos ou passamos a criar nossas próprias formas.

Aqui devemos novamente estudar os grandes autores, mas sempre dentro do contexto global de cada obra.

Mais uma vez voltamos ao início; é impossível estudar a **forma** sem o **movimento**, o **traço** e o **espaço**.

Amparo Botella afirma que a *forma* está ligada ao *movimento* como o jóquei ao cavalo. O estudo da interação desse binômio mostrará facetas da personalidade do escritor muito além do que o grafólogo pode pensar.

Todavia a *forma* precisa (obrigatoriamente) ser estudada com o *espaço*, o *movimento* e o *traço*; como evoluem e se coordenam as palavras, frases, letras etc. Nessa avaliação deve ser abordada a maneira como todos se integram uns com os outros e entre si, aos pares e de forma trina, mas principalmente global.

Traço

É a marca que deixamos no papel, trata-se do aspecto mais intangível e inimitável da onda gráfica. É aqui que nossa psicomotricidade se manifesta em sua plenitude. Na verdade, o termo traz diversas ambigüidades e é muito confundido pelos grafólogos.

Deve ser avaliado de acordo com o relevo, o calibre, a pressão, a tensão etc.

A obra de Hegar, o estudo dos graus de tensão de Pophal, as teorias de Pfanne devem ser estudadas com afinco.

Sendo repetitivo: suas correlações com os outros aspectos, movimento, forma; espaço.

Pophal já citava que "o traço é para o traçado aquilo que a matéria é para a forma".

"O traço revela a substância, a "matéria prima psíquica", o traçado mostra como a personalidade usou e orientou esse material" (Gille-Maisani).

Nunca é demais ser repetitivo, a interpretação do traço *Apoiado*, por exemplo, é muito pobre se não estudarmos como o movimento o conduz, como o movimento se adapta às formas da escrita e como as formas se integram ao espaço.

O descrito acima é a grafologia capaz de entender a dinâmica da personalidade do escritor.

Infelizmente, poucos grafólogos no Brasil se dão conta disso e pior, insistem em trabalhar com teorias do século passado. Muito pior é quando não vêem a validade deste estudo, reconhecido em todos os países que se prezam por uma grafologia séria.

Creio que, com isso, possa dar ao leitor e ao grafólogo brasileiro uma visão mais abrangente da grafologia, especialmente com estudos de escritas brasileiras da atualidade, exemplos tirados de uma população de mais de 60.000 grafismos, abrangendo cerca de 15 estados brasileiros e mais de 150 cidades.

Final

É óbvio que a grafologia deve abranger o estudo das principais Síndromes Gráficas, do Nível de Forma e a Organização e a Harmonia de Crépieux-Jamin, além das teorias de Moretti.

Esses estudos estão focalizados nos meus livros descritos anteriormente.

Afirmo de forma categórica que, sem esses conhecimentos e outros mais específicos, não se pode realizar o estudo grafológico da escrita para perceber a verdadeira dinâmica da personalidade, torna-se impossível descrever precisamente o perfil do escritor. Fica muito "pobre", para dizer o mínimo.

Portanto, é o caso de se fazer uma pergunta:

Sabemos de tudo isto?

Mais ainda, questionar o grafólogo que vai nos ensinar se ele tem essa capacidade para descrever todas as teorias necessárias para que o aluno conheça a grafologia com profundidade.

São precisos inúmeros exercícios de conjugação de espécies e avaliação delas dentro dos quatro parâmetros traçados. Isso não se consegue com exemplos de escritas que não existem mais.

Todo esse conhecimento e prática requerem no mínimo dois anos de estudos profundos e acompanhamento constante, sem os quais o futuro grafólogo dificilmente exercerá com plenitude suas funções.

VIII
E O FUTURO?

Lá se vão 16 anos desde que escrevi o primeiro livro. Dizia:

Quando se fala no futuro, não se pode esquecer que a grafologia como ciência está dando seus primeiros passos, e o que você acabou de ver é apenas a pontinha de um grande iceberg. Desvendar e descobrir a grafologia são trabalhos árduos, que exigem esforço e dedicação.

Os horizontes que se abrem para a grafologia são imensos, tanto no campo prático, como em empresas, escolas, hospitais etc., estudando e aperfeiçoando o ser humano. Na área de pesquisa, pode-se dizer que o campo é infinito.

Muito tem que ser feito pela grafologia em nosso país, e a maioria dos grafólogos brasileiros se empenham de maneira séria, trabalhando para que a grafologia seja divulgada de maneira correta e sem mistérios.

Muito disso ainda continua válido, inclusive:

Dentre outros objetivos, desejo o reconhecimento oficial da grafologia e da profissão de grafólogo em nosso país; que os currículos de psicologia e medicina tenham tal cadeira nas universidades brasileiras. Parece simples, mas creio que se conseguir parte disso nos próximos vinte e cinco anos já será uma grande vitória.

Ainda faltam nove anos. Graças à dra. Lena Santos, já se encontra no congresso nacional uma proposta para tornar a grafologia profissão. Mas muito ainda tem que ser feito. Principalmente no que tange a validação científica da grafologia, sem isso não teremos o reconhecimento acadêmico.

Para mim, a grafologia tem se constituído uma verdadeira paixão, um desafio diário que me abre portas e leva a lugares distantes.

Vels, meu amigo, se foi; assim como Odette. Outros ainda estão presentes. Mudei, quem sabe?

A foto no fim do livro pode dizer algo, minha escrita também.

Para terminar, convido você, meu prezado leitor, a encarar a grafologia como ciência. E quem sabe não se tornará um grafólogo? Que tal a sugestão?

E o futuro da grafologia?

Diferente de 16 anos atrás, desta vez não peço perdão pela empolgação.

O futuro continua sendo no mínimo brilhante! Mais do que já é!